Este livro é para as minhas avós
Maria Julia e Maria Luiza

SUMÁRIO

PREFÁCIO

REUNIDOS I

SOBRE

REUNIDOS II

REUNIDOS III

PREFÁCIO

Sob o signo de Saturno

Durante as Saturnálias, festas de origem pagã (Saturno está ligado à agricultura) celebradas na Roma antiga no final de dezembro – título do livro de estreia de Ana Tereza Salek – ensaiava-se a possibilidade de uma inversão social, e os escravos davam ordens aos seus senhores. A sociedade era lembrada que a ordem do mundo não é permanente, mas circunstancial, e o que está embaixo um dia pode subir. No mundo dos homens, tudo pode, sempre, lentamente ou de repente, mudar. Na astrologia, Saturno, que rege o signo de Capricórnio, é o senhor do tempo, dos processos psíquicos – frequentemente experimentados com perda de referências e intenso sofrimento –, das transformações profundas, da perplexidade diante da decadência e da morte. Tais angústias são recorrentemente trabalhadas pela poeta em versos contundentes:

> A velha: que ali se lava, que ali se curva;
> Pende pendura as toalhas. Balanço seco
> do cabelo na água, muito tempo passado
> da menopausa. Delira na face, num reflexo
> barrento, o saudosismo estéril da fralda
> menstruada.

Logo de cara, no belíssimo poema *cidade ou a infertilidade dos solos*, Ana Tereza Salek – num tempo em que a alegria se tornou uma imposição e uma superficialidade objetiva dita a forma de tudo e de todos – corajosamente coloca o seu desconforto. Desconforto existencial com o próprio corpo ("qual é ter duas colunas"), com a cidade, com a sociedade ("de manhã na/ praia eles combinam/ o que farão a noite de/ noite, na festa eles/ combinam de ir à/ praia amanhã"), com a linguagem ("Linguagem/ é quase:/ não consegue/ traduzir/ a passagem"). Percebendo a realidade à sua volta como um grande cemitério, submersa nas águas escuras de suas próprias faltas de referências, mas sedenta por uma vida *real* e uma palavra *efetiva*, a poeta coloca-se ("à francesa") como um lobo faminto:

Sento à esquerda da mesa
À direita senta-se Teresa
E ao centro o "cara imunda".

As outras pessoas dispõem seus corpos
No restante das cadeiras
Comem da comida, bebem do vinho
Todas as caras são pálidas,
Todas como caveiras.

Pela esquerda não posso
Esticar o braço para apoiar
O copo que o braço de Juquinha da Silva
Está ali atrapalhando.

Posso espancá-lo, até que desista
De atravancar minha passagem.

Sou covarde, nada faço;
Peço licença e passo com delicadeza.

Por dentro uivo como um lobo faminto.

Como classificar estes poemas? Onde situar *Dezembro* em uma topografia da poesia contemporânea brasileira? Em seu texto *Cinco mais cinco mais cinco e tudo mudou na poesia brasileira*, que serve como introdução à antologia *Inquietação-Guia* (Azougue, 2009), Ítalo Moriconi aponta para a necessidade de se repensar e expandir o leque da crítica literária brasileira – em relação à poesia contemporânea – para além do "cânone crítico universitário pautado por critérios como rigor, elipse, metaironia, metalinguagem". Contestando o privilégio hegemônico (que é, num país e num momento que se quer plural e múltiplo, no mínimo anacrônico) dado à uma poesia de raiz mallarmaica-cabralina-concretista, que se tornou quase uma fórmula neo-parnasiana, jovens poetas como Ana Tereza Salek, Augusto de Guimaraens Cavalcanti e Heyk Pimenta (apenas para citar alguns) resgatam a forte tradição brasileira de uma estética poética mais subjetiva, temporal, imagística e corpórea – mas não menos potente e rigorosa – que passa por nomes como Augusto dos Anjos, Jorge de Lima, Roberto Piva e Cláudio Willer – novamente, apenas para citar alguns.

Uma vez vividos plena e corajosamente, os processos de transformação saturninos revelam-se renascimentos. Novas possibilidades são abertas, caminhos jamais imaginados se tornam viáveis e fecundos, o inverno passa, a primavera se abre e uma nova abundante colheita se dá. São esses os meus votos para a poeta de *Dezembro*, e para a poesia brasileira da nova década.

Renato Rezende

REUNIDOS I

o estranho

Desde que nasci
Nunca tive outra suspeita:
Tem alguém no telhado
Que me espreita.

Desde que nasci, nunca fui
Ao contrário; sempre quis ser.

Desde que eu fui,
Quando vim a ser
Fabriquei saudades,
Desculpas para esse choro.

Desde que nasci nunca duvidei:
Tem alguém no telhado, eu sei.

cidade ou a infertilidade dos solos

I

A cidade grande confirma, abraça o que já
era suspeito, agora, fato, aposto. O problema
sempre foi o corpo que anda mulambo por aí,
procurando erva no firmamento; gruta, tumba,
no concreto cimento, seco, infértil que se nunca
afunda.

II

Achar as cadelas prenhas da cidade grande,
um contratempo: livrar-lhes logo daquela
sensação esquizofrênica qual é ter duas colunas
vertebrais dentro do próprio corpo. É um
engenho difícil esse do encontro;

III

Na cidade grande as cadelas se escondem
e carregam a outra pilastra, com esforço.
Escutam vozes debaixo do chão; miragem,
o piso é pedra, arde. Do piso da cidade grande:
a urina da cadela escorre, sem nunca, jamais!,
penetrar a terra, em fosso. (É tarde!)

os outros

Aqui não tem mesa nem bolo,
Não sentimos fome

Não tem credo nem corvo,
Temos mais o que fazer

Não tem tela nem brinquedo,
Não gostamos de bugiganga.

Nosso compromisso é celebrar os nossos centenários.

É por isso que descem os raios.

Os relâmpagos são o fogo da vela
Dos mortos fazendo aniversário.

pelo bosque

Arranco as plantas do mato
Enfio as raízes pela orelha
Até o outro lado da cabeça
E faço coçar o cérebro.

Quantos metros tem de uma
Ponta à outra é o mesmo tempo
De dar volta e meia no pátio
E se sentar ao sol.

Enquanto o sol dá risada
Daqueles que estão pelo bosque
Um braço comprido
Me cutuca a pele.

Mal tirei as plantas do ouvido
Me viro
Era ele:
O vulto que assusta.

Mais que bosque,
Cérebro,
Pessoas no pátio
E plantas atravessadas pela cabeça.

hand made

Minhas mãos idiotas
Envelhecem antes,
Sempre antes
Do anoitecer.
Vejo-as, sem sentido
          Idiotas e velhas
Sob a luz.

A sombra do corpo
Cobre as mãos
Sempre encolhidas
Sonhando no peito

E os sonhos são
Unicórnios desgraçados
Que não olham
Pro céu.

Desenho centauros;
Metade cavalo, metade
Pedra.
A metade humana não.

Sou perplexo de minhas
Mãos.

non gratos

Nas palmas das
Minhas mãos
Mora o pecado,
O mal dito.

E é por isso
Que sempre ando com elas atadas.

A chegada dos outros,
Dos duplos,
Dos desconhecidos
Sempre foi
O grande temor dessa aldeia.
(meus punhos estão mais cerrados agora)

É sempre entre sonho
E vigília, quando todos
Estão a esmo que os intrusos
Fazem os seus convites.
(me apronto para o combate)

Quando um bater das
Asas dumas criaturas sem
Rosto adentrar pelo meu
Portão

Abrirei então os meus braços.

mascarado

Fui ao doutor
E ele me disse que eu padecia de mal terrível
E nada que eu fizesse adiantava.

Aprendi a ser pessoa qualquer que existe
E hoje aceito meu mal
Como aceito:
Telefone, teleférico, alpiste
E meditação transcendental.

Não devia ter contado a ele
Que vejo os bichos sem pele;
As velhas com os dentes roxos
E que todas as pessoas me parecem (aos olhos)
Ter um alicate cravado na maçã do rosto.

Meu rosto não tem nem maçã.
E minha pele cai,
Pendurada sobre o osso.

à francesa

Sento à esquerda da mesa
À direita senta-se Teresa
E ao centro o "cara imunda".

As outras pessoas dispõem seus corpos
No restante das cadeiras
Comem da comida, bebem do vinho
Todas as caras são pálidas,
Todas como caveiras.

Pela esquerda não posso
Esticar o braço para apoiar
O copo que o braço de Juquinha da Silva
Está ali atrapalhando.

Posso espancá-lo, até que desista
De atravancar minha passagem.

Sou covarde, nada faço;
Peço licença e passo com delicadeza.

Por dentro uivo como um lobo faminto.

inverso

Embebido de curiosidade, busco aranhas pelos
Cantos. Faço teias de consciência e apanho-as.
Entristeço-me a toda vez.

Esquecido de quem eu era, traço linhas retas nas paredes,
Procurando um retrato antigo. Sempre que encontro,
Esqueço-me a toda vez.

Arranco escudos do peito e penso em tomar sol no pátio.
Tremendo de vício, estendo as mãos à seringa,
E pico meu rosto ao invés.

banho démodé

Nunca vejo a quina da mesa.
Caminho, intrépido, me
Ralo.

Piso em ovos para não machucar
As canelas, talvez por isso o andar
Curvado.

Como um Quasímodo, me arrasto pelo
Corredor. Os cílios envergonham-se
Dos azulejos claros;

Com as unhas, arranco a pele das minhas costas.
E vejo o sangue escorrer pelo
Ralo.

my land

Well, I would say I
Miss my land
But I don´t give a shit
Tampouco esfrego minha cara nessa terra.

Que essa terra não é mais que um pasto
For the pigs from my land
My land, My sand, My love.

I would spend my days with kindness
Cantar a missa no
        final das horas…

réquiem

Já gozei nessa vida
Da fortuna de um homem
Bom e justo.

Já tive mais namoradas do que amores frívolos.
Já fiz um filho,
Plantei feijão
E os livros que não escrevi
Tem menos sonetos do que amores mortos.

Pousei tantos ramos
Sobre o corpo de Esmeralda
Li e reli os versos que escrevi para Esmeralda
(Antes de atear o fogo que lambeu o ondear dos cabelos dela)

Já sonhei trêmulo ao pé da lareira
Apertando meus joelhos no peito
Com medo do inferno, com medo
De ir pro céu.

Hoje eu não tenho mais medo
De ter medo de temer a morte

Que a morte
É um rinoceronte filhote
Cujo fígado é composto
Pelos átomos de flores antigas.

Hoje eu sou filho, avô, namorado e Rei

E sei que as pedras preciosas,
Esmeralda,
Duram mais
Do que o meu nome, ali, olha
Cavado no ferro da lápide.

conjugado 1011

Cultivo uns homens; alguns e outros mais
Em canto antigo deste "sala e quarto"
Abuso deusas, do contrário infarto
E apago as pistas e os restos,
mortais

Segue em frente - o diabo atrás
Faze então uma prece de quatro
Pega a navalha, junta o esquadro
Corta a pele, embrulha e me traz

Muito atormenta esse rito cortante
Indaga o rapaz, este aqui presente,
Quanto que arde a ferida secante?

Falou-me do céu uma voz dissonante:
Viver de ratos é teu fardo, insolente!
Não enxergas a vida se a morte é distante.

soneto do caixão surpresa

(OTP sob pseudônimo de John Freeman)

Fim do dia. Março de 87.
No caixão floral jazia o defunto
Um homem desses que não tem mais assunto
Inconsciente de si e dos seus tietes

Todos na mesma direção: valetes
Amontoados para ver o conjunto:
Rainha, flores, cartas, moribundo
O caixão passeava com o seu topete

Câmara sóbria na paz uterina
Lençol de flores jogadas por cima...
Que homem? Que fortuna ali dentro ia?

A lápide fresca, a escrita assassina
Revelava, ígnea, meu nome John Freeman!
Era o meu corpo que o caixão trazia

SOBRE

sobre os lagos

Os lagos: tão sós são estes sem os patos.
E respaldos d´água são o choro, o caldo;
Que chora, lamenta - sim, como gente-
não pensa (mas reflete), que é lago.

Agora, o pato: não tão consciente quanto
o lago, tão somente um afresco isolado.
Não compreende seu destino: ser bico,
pena, pescoço; uma ave do caldo, tal
calda, decorado.

A velha: que ali se lava, que ali se curva;
pende, pendura as toalhas. O balanço seco
da figura magra, muito tempo passado da
menopausa. Delira na face, num reflexo
barrento, o saudosismo estéril da fralda
menstruada.

sobre a íris

Das pisadas secas, fundas
Dessa gente pacata, ora besta,
Compreende o firmamento.

Das montanhas corcundas
Instaladas sobre o cimento,
Medita o vento, a brisa incesta.

Da luz do poste pendurado
Que avança sobre a cabeça,
Desta, vislumbra o olho:

Uma bola de gude grudenta
(onde tudo a quê se manifesta)
Pende, ainda, instalada no osso.

sobre engenho de barco

Creio: que existem sóis,
nas pessoas, em algumas delas.
Ventania: vento que arranja
umas vidas, aquelas.
Cetro: a sustentar a magia;
circunscrita a essa gente de porte,
peituda – de toda sorte – amarela.

Não creio: em almas de todo
sem sóis, mas em sóis sim apagados
nas almas. Não num ar inerte concreto
parado, mas numa brisa da peste, sem
sopro, mal toca vela
(assexuada) que não leva o barco.

Agora o barco: há de haver um
motor – e bem engenhado – que
sem os sóis, com tudo apagado,
e sem vento/movimento, tudo
a aparentar do mais estático,
imponha a dinâmica no casco,
fure as ondas e tudo mais;

acompanhe cardumes, conte estrelas
quantifique baleias, empenhe-se no
que houver. Vista-se de algum costume.
Se não houver motor (que eu sei que
há o barco) eu posso empurrá-lo…

sobre o aquecimento global

I

Desceu do céu Deméter, deusa irada:
"Onde está ela, me diz, onde está?"
Um cavaleiro balançou os olhos
A camponesa (de ombros): "sei lá!"

Foi que bradou pela rosa dos ventos:
"Meus senhores, juro por essa terra
Que não há de dar mais um pé de fruto:
O culpado irá se mostrar! Há de."

A maldição dissolveu muitos pastos
Todos os córregos, rios secaram.
Todas as frutas juradas. E nas
Terras altas do Turcomenistão,

na romãzeira, ali na Transcaucásia
Restou um pé menino. Um pé de romã.
"Fruto dos enamorados e oráculo,
diz! Revela o vil, atroz, responsável!""

II

Abriu-se no chão a fenda pro Hades.
Colérica, a deusa desceu em busca
da bela. Os heróis se apresentaram.

"Aquiles, Agamêmnon e Odisseu,
Saiam da minha frente, todos, saiam!"
Avançou ao trono a deusa virada.

Tomou nos braços a esposa do Rei
Os cães, as sombras, todos se afastaram;
Era a fera. Dura-máter! A lei.

Mandou a violentada ao Olimpo.
Cessaram-se as secas, choveram os rios.
Tal como aos mortais Ela prometeu...

III

Ofendido, o Senhor Subterrâneo
Rogou a maldição desses dias:
Um grau célsius por ano; a minha praga.

Várzeas, geleiras, tufão, piromania!
A Terra esquentou por anos a fio.

Não há mais ninguém ali hoje em dia.

REUNIDOS II

(?)

Linguagem
é quase:
não consegue
traduzir
a passagem.

dança do compasso

Vi que o negócio ia pegar,
virar moda e logo tratei de
achar outra coisa pra fazer
enquanto eles pulavam e
cantavam com um compasso
pendurado no coração.

carrossel

de manhã na
praia eles combinam
o que farão à noite de
noite, na festa eles
combinam de ir à
praia amanhã.

transgressão

queria arrastar mais mundos
pra dentro de Joãozinho
queria enterrar uma estaca bem fundo
usufruir mazelas inventadas
e tossir resfriado na sua cara
e depois assistir alguns demônios plantados
(tipo mini-diabinhos de quatro;
arruaceiros, pintando o sete em Joãozinho)
comendo pipoca e sorrindo de lado.

tuberculose contemporânea

quero as mulheres que Florbela espanca
e as palavras que o poeta tece
mais dez sonetos que Augusto escrevesse
resfriado à moda de Manuel se houvesse
para tirar essa tosse pastosa
que corta e seca o coração dos alvéolos
trouxesse fiapos de gripe da roça
e atirasse esse pulmão aos infernos

edifício cardeal leme

a miudez da tarde
é um barulho de obra
adoentado que pulsa
dentro da carne gatos
suicidas se atiram
pela janela de
tarde tudo
fica por
um
f
i
a
p
o.

espantalho vespertino

amarro meus pulsos num laço
à boca, um coração de veado e uma fita
tapo minhas orelhas com mato.

vendo meus olhos com trapo
esqueço meus pés no telhado
com suspiro, um segundo e acabo.

náufrago

nessa noite fui velejar
embarquei
barco à vela
vagalume
no meio do mar

sem luz, só vela
tantas águas
tantos mares
vagas tantas
caravela

naveguei
fui tão longe
não sabia como voltar
mas acabei voltando...
sem barco, sem vela
boiando.

origami

com a mesma
precisão
que corto meus
lábios
faço origamis
de ventania.
dobro um boneco de neve, um barco, uma língua.
seco meus cortes
com origami
e saliva.

REUNIDOS III

a professora (Teresa de Manuel)

Perguntou:
a moda é arte?,
existe arte na
moda?

Alguns disseram
que moda é
moda outros que
moda é arte.

Ainda os que disseram:
depende.

E todos na discussão

O céu e a terra se misturaram dentro de mim
como da última vez em que Teresa foi vista.

mais atenção

A cada momento, não restam dúvidas
Aumenta o corte sangrento
E as viúvas: as mulheres que correm
no meu sangue sedento.

Tenho sede de pote cheio.
De caramelo, de ansiolítico.
E das uvas azedas, negras,
Amargas, mas estas são as
Azeitonas.

Nunca parece haver um espaço
Entre um pensamento... E o outro
Porque todos se embaraçam
E afundam pinos e parafusos
No crânio,
de novo.

E as folhas das uvas são um detalhe apenas,
Mas que eu devia ter prestado mais atenção.

Não nas uvas,
mas nas folhas delas
Não nas viúvas,
mas na morte da causa
Não nas frutas,
mas o que a elas faz vingar.

Deverás prestar mais atenção,
digo àquilo que em mim habita,
Não nas negrinhas azeitonas,
mas no plasma que as adorna
Não nos doces,
mas no cão faminto
Não na loucura,
mas na sanidade que está sob
esta coberta.

Agora olho pela janela e vejo um arco íris.
Não o arco íris,
mas a gaivota franzina
lá do outro lado do
céu.

lá fora

Lá fora,
Quando a pintura grita
Quando o sinal desconcerta o trânsito
Quando as velhas curvam as costas
Quando a hora é coisa desperta…

Lá fora ,
Quando a cantiga é mansa
Quando as andorinhas murcham
Quando o gelo derrete no gesso
Quando tenho medo de ir ver a roça…

Lá fora,
Quando toco meu dedo na agulha
Quando sangra a perna amputada
Quando jogo baralho no parque
E temo os cegos que fingem ver…

Lá fora,
Quando a banda toca mais longe
Quando o sol despenca do arbusto
Quando o poente é um índio maldito
E as galinhas são degoladas…

Lá fora,
Sorriso vem junto com lágrima
E índio não sabe se é sonho
Ou só a noite engolindo a praia.

aqui dentro

Aqui,
Onde as cadeiras estão mal dispostas
Onde o santo não sabe a quê prega
Onde a barra da saia se arrasta
E os estranhos estremecem não ser

Aqui,
Onde o dia já não faz mais promessa
Onde o galo já canta sem crista
Onde Cristo não pende no altar
E minha alma me pensa ser ela

Aqui,
Numa sala, que não mais de jantar
Tem uns homens, uns soldados à mesa.
Entreolham-se. Não os homens, mas as cadeiras
Que desejam dos homens o seu pulsar

Aqui,
Onde a face já não encontra espelho
Onde os cílios se acanham no olho
Tem um rosto que olha pra baixo
E foda-se.

bem aqui

Tem a palpitação no braço esquerdo
Artéria de sangue pisado
Tem um frisson que sou eu mesmo
Uma espera aflita pelos convidados

Tem a pedra do caminho
Um recto mal funcionando
Um calor que entra esquisito
O ventre seco dos antepassados

...

Tem a mora, o estado de sítio, o abismo

Tem as cinzas jogadas ao mar
Que voaram

E foram parar
No meu apartamento
Tomando uma xícara de chá.

vejam só o que eu faço

"Don't use an expression such dim lands of peace.
It dulls the image." – Ezra Pound

Desmonto o sol em pequenos pedaços
Nunca junto cacos de solidão;
Os cacos estão para lands of peace
Como papel está para guardanapo.

Tiro coelhos
da cartola
com meu jeito
particular
de proferir
a verdade.

Tenho sempre à mente não confundir
sujeito com subjetividade.

circo

Seus versos tinham pressa
Seus feijões foram mal separados
Enxergava turvo, quando olhava claro
Na busca do longe que jamais cessa

E quê cessa? Nem as pedrinhas no ralo
Meus sapatos estão cheios delas
E as flores estão cheias de vaso

Fosse, ao menos, em outra trama
Simpatia n´outro canto da boca
Me ensinasse bocado de dança
Que equilibrista cobra muito caro

Três moedas e uma sola gasta:
Cobra a estátua para inclinar o pescoço.
Num esforço medido para mexer a espinha,
Não pôde; era pedra *da carne* ao osso.

férias

Segunda feira: Caminhadas não são atraentes.
tampouco são as Cagarras.

Terça feira: Curvam-se os pombos no final da tarde.
Pela corcunda, culpa do cigarro.

Quarta feira: Os pombos estão com a cabeça funda
no corpo,
como quem sofre.

Quinta feira: Prefiro as luzes do videogame de Pedrinho,
do que o sol por detrás das asas.

Sexta feira: Meu olho se afunda no osso,
como aqueles pombos, do pescoço.

Sábado: num delírio sobre os pássaros, penduro gaiolas pelo
percurso. Retalho minha carne em pedaços e imploro a meus
pais num bilhete póstumo (a ser entregue num

Domingo): Enjaulai-me! Agora, esquartejado, meu corpo pode.
Prefiro a indiferença dos pássaros à vida
que saber, o corpo, que morre!

menino

Se algum dia eu te ofender
Eu chorarei.
E respeitarei os mais próximos
E respeitarei ainda mais os próximos.

Se algum dia tu morreres, e irás
Colherei algumas flores
Espetarei meus rins com acupuntura
Vencerei tantos medos
Pousarei uns bons ramos sobre teu caixão
E cantarei a nossa música.

E se algum dia eu morrer, e irei
Saberei se há a paz
E não te esperarei.

Não precisamos ficar juntos para sempre

— Já estamos tão juntos, sempre...

Para os intrusos de plantão
Isso não é comodismo
Isso é uma orgulhosa construção
Que sente orgulho, ela própria
Não eu.
Eu nunca.

pedaços de jornal

I

passo por ele não pego
o jornal. tantos no hall
de entrada, já não sei
um feriado de jornais
acumulados no tapete
welcome
aqui vive gente feliz
quase isso
o porteiro avisa: tem muito
jornal pra senhora já,
senhora?
o presidente morreu
não comporto o jornal
o mundo é todo
                lá fora.

II

não me importo. abro
os jornais folha por uma
bem abertas, lisas, polidas
arrumo-as no assoalho da
cozinha não deixo sobrar
nenhum espaço do chão.
corto seus cabelos bem
curtos você fica mais
bonito com o cabelo
crescido. sento no
seu colo depois,
depois. agora
é hora de ler
o jornal.
preparo
o café

anticoncepcional e cigarro, evito o café,

III

no jornal há
o mundo
e tudo o que não há
é meu.

dona Albertina

Escrevi tanta besteira
Que como que não pude
Fazer verso
De Albertina?

E ela andava de um lado
Pro outro da casa,
Reclamava um pouco.

Minha mãe dizia
Que ela era esperta.
Minha avó dizia que
Ela era a melhor

Eu nunca soube
O que dizer de Albertina.
Se eu fizesse um poema
Bonito,
O meu amor por ela
Ainda seria maior.

aniversário de Pedro

Pedro!
Meu Deus, Pedro!
Me conta da tua escola?
E de tudo aquilo que gostas de sonhar...
Vem Pedro, me conta
Quando ficas sozinho
No banco detrás do carro
Sussurrando com os passarinhos,
Diz, Pedro... Que é que há?
Uma moeda pelos teus pensamentos
Migalhas douradas, para que toques piano
Que me esqueço de tudo quando tocas;
Dessa dor esquisita entre cabeça e pescoço
Essa angústia no osso, esse troço.
Pedro, me leva na porta?
Te carrego em lembranças antigas
Não eras nem nascido e já me lembrava de ti
E te carregarei até o infinito,
Quando eu for somente cinzas e sono profundo.
E então atravessarei mais mundos...
Rasgarei paredes inventadas,
Desenharei novos jogos de videogame,
Na esperança de te abrir um sorriso.
E se isto for impossível, digo,
Andar contigo sobre os mares,
Apanhar-te constelações de estrelas,
Montar o mundo num quebra-cabeça,
Então me contentarei em te ver dormindo...
Entre respiração e suspiro.

soneto do dente de prata

Quando eu nasci ganhei uma caveira
De anel dourado, figura abissal
Ficava ali, sentada na cadeira
Com dente prata, um dente adicional...

Esse dente coberto de poeira,
É meu amuleto minha espinha dorsal
É hemistíquio da minha vida inteira
Taxa de metabolismo basal!

Carregarei esse dente comigo
Todos os dias, o dente mendigo
Polindo-o, escovando-o, limpando-o...

Meu amuleto é o meu melhor amigo
Nunca irei me desfazer desse artigo
Esse dente eu morrerei usando!

Agradeço muito à minha mãe Silvia, ao meu namorado Antonio, ao meu pai Flavio, ao Renato Rezende, à Fernanda Gentil, ao Augusto de Guimaraens, ao Antonio Torres, ao Paulo Britto, à Antonia Costa, ao Kammal, ao Rafael Bucker, e a todos os amigos, amigas e parceiros que me ajudaram e deram força para a realização deste livro.